Oh, Lo Que Puedo Ser Cuando Me Veo

Por

Valerie J. Lewis Coleman

Publicado por

Pen of the Writer, LLC
Englewood, OH
PenOfTheWriter.com

Pen of the Writer, LLC
Englewood, OH
PenOfTheWriter.com

Copyright © 2020 por Valerie J. Lewis Coleman,
Samara Lewis y Lyric Lewis

Todos los derechos reservados. Este libro no puede ser reproducido o transmitido por ningún medio electrónico o mecánico, sin la autorización escrita por la autora, excepto por una cita breve en una reseña.

Número de Control de la Biblioteca del Congreso: 2020918174

ISBN-13: 978-0-9786066-9-5

Diseño de la portada e ilustraciones por Natasza Remesz

Editado por Tenita C. Johnson

Traducido por Natalia Sepúlveda

Este libro le pertenece

_____

Futuro

_____

(Escribe lo que quieras en esta línea)

Samara y Lyric son primas. A ellas les encanta visitar a su abuelita, MeMe.

"Estoy tan contenta de que estén aquí," dijo MeMe mientras abrazaba a sus nietas. "¿Qué quieren hacer primero?"

"¡Pintar!" Samara saltando tres veces.

MeMe se rió. "Okay, Samara. Vamos a pintar." Ella tomó a Lyric por la mano.

Samara dijo, "MeMe, me encanta la creatividad porque puedo hacer lo que está en mi mente."

"Eso es arte visual. Puedes contar una historia usando fotos como Lorna Simpson, esculturas como Simone Leigh o colchas como Faith Ringgold. Artistas como Zora Neale Hurston, Maya Angelou y Vanessa Miller Pierce escribieron libros, obras teatrales y guiones de cine."

Lyric dijo, "Mis colores favoritos son el naranja, azul y el verde." Ella alzó la mirada de su obra de arte. "¿Te gusta, MeMe?"

"¡Sí! Son unas obras maestras hermosas. Vamos a limpiarte en lo que tus pinturas se secan."

"Como a las dos les encanta actuar, entonces pueden ser artistas que bailan, cantan o tocan instrumentos. Katherine Dunham formó una de las primeras compañías de ballet Negro en América. Ella viajó por el mundo y bailó en varias películas."

Samara dijo, "¿Bailaste con ella?"

MeMe se rió. "No, cariño. Ella abrió la escuela en 1930 antes de que MeMe naciera." Ella le acariciaba la espalda a Samara. "¿Viste el *El Cascanueces y los Cuatro Reinos* de Disney, verdad?"

Samara asintió con su cabeza.

"La bailarina, Misty Copeland, es la primera bailarina principal negra para el Teatro Americano del Ballet."

Lyric dijo, "¡MeMe, mírame! Soy una bailarina."

"¡Hazlo, cariño!"

Lyric tropezó.

MeMe le ayudó a balancearse. "Vamos a cantar por un rato. Esta forma de arte tiene muchos ejemplos. Nina Simone cantó música clásica negra, Leontyne Price cantó opera y Minnie Riperton—"

"MeMe, yo no he escuchado sus canciones."

"Tal vez no, Samara. ¿Qué tal Mariah Carey, Jennifer Hudson o Tonya Baker?"

"¡Sí! Lo haré todo como Zendaya. Ella baila, canta y actúa."

Ellas cantaron, "Oh, lo que puedo ser cuando me veo."

Lyric tomó una guitarra de juguete y se puso sus espejuelos finos.

MeMe dijo, "Lyric, un músico es otro tipo de artista. La Hermana Rosetta Tharpe hizo su carrera como una guitarrista evangélica. Ella tocó con Cab Calloway en Harlem's Cotton Club."

Samara tocó el piano y cantó *Lost Boy*.

MeMe se rió. "¿Entonces quieres cantar como Ruth B.?"

"Sí, señora."

"¡Me encanta! Con suficiente práctica, podrás hacer dos actuaciones musicales de piano como Hazel Scott y Alicia Keys." Ella miró el reloj. "Es hora de encontrarnos con su prima en el parque. Vamos a quitarnos estos tutus."

La familia caminó al parque a encontrarse con la otra nieta de MeMe, que se llama Yaya.

MeMe dijo, "Samara, ¿todavía quieres ser una gimnasta?"

"Sí, señora."

"Entonces déjame ver lo que eres capaz de hacer."

Yaya caminó hacia MeMe. Ella la abrazó y después jugó con sus primas.

Samara dijo, "¡Soy Simone Biles!"

Yaya dijo, "¡Soy Gabby Douglas!"

"Ustedes todavía tienen bastante energía. ¿Qué tal una carrera?"

Samara y Yaya dijeron, "¡Sí!"

"Dale a Lyric un poco de ventaja." MeMe ayudó a Lyric. "¿Sabías que yo corrí pista en la escuela superior?"

"¿Quieres correr con nosotras?" Yaya preguntó.

"No gracias". Sonrió MeMe. "Mi compañera, LaVonna Martin-Floreal, ganó una medalla de plata en las Olimpiadas de 1992."

"Vaya. Ella es rápida," dijo Samara mientras se preparaba para correr.

"Sí que lo era. Ella le ganaba a todos en la escuela. Ella quería que tú supieras que ser ganador significa que hay que trabajar duro y divertirse."

"¿De verdad?"

"Sí. En las Olimpiadas de 1960, Wilma Rudolph ganó tres medallas de oro y rompió varios récords mundiales."

Yaya dijo, "¿Corriste con ella?"

MeMe sacudió la cabeza. "Serena Williams también es una atleta increíble. Ella ha sido número 1 varias veces en el mundo como jugadora de tenis. Althea Gibson ayudó a lograrlo al convertirse en la primera jugadora negra de tenis."

Samara dijo, "¿Quién es tu jugadora favorita de balompié?"

Lyric dijo, "¡Charisse!"

MeMe sonrió. "Su prima cuenta. Ella también es mi favorita." MeMe miró hacia el estacionamiento. "La mamá de Yaya llegó. Dale besos y abrazos de mi parte."

La familia caminó hacia la casa a prepararse para dormir.

"Buenos días." MeMe besó a sus nietas.

"Buenos días, MeMe."

"Ayer, ustedes eran artistas, bailarinas y atletas. ¿Qué quieren ser hoy?"

Lyric se restregó los ojos. "Quiero ser una actriz."

Samara se estiró. "¡Quiero dirigir!"

MeMe dijo, "¿Cuál es tu película favorita?"

Las niñas gritaron, "¡*La Pantera Negra*!"

"Como actriz, pueden ser una reina como Angela Bassett, una científica como Letitia Wright o como un agente secreto como Lupita Nyong'o."

Lyric hizo una pose.

Samara tomó su tableta. "Y…¡acción!"

"Ava DuVernay es directora de películas con personas que se ven como ustedes incluyendo *Un Pliegue en el Tiempo*."

Samara dijo, "MeMe, ¿quién es tu actriz favorita?"

"Bueno, mis actores favoritos son Denzel Washington y Bryant Louis Bentley. ¿Pero actriz?" MeMe se tocó la barbilla. "Cicely Tyson, Regina King, Tracee Ellis Ross y la niña de *Black-ish*, Marsai Martin."

"¿Por qué Marsai?"

"Ella es la productora más joven en Hollywood de catorce años de edad."

Michelle Obama apareció en la pantalla de la televisión.

"Samara, ¿qué me puedes decir de Michelle Obama?"

"Ella fue la Primera Dama de los Estados Unidos de América durante ocho años."

"Muy bien. ¿Sabías que antes de que llegara a la Casa Blanca, ella asistió a dos universidades Ivy League y fue una abogada grandiosa?"

"No, señora. ¿Qué hacen los abogados?"

"Los jueces y los abogados se encargan de que a todas las personas las traten justamente. Las juezas Lynn Toler y Faith Jenkins tienen programas de televisión para ayudar a las personas a resolver problemas difíciles."

"¿Conoces algún abogado *real*?"

"Todos son reales. ¿Me estas preguntando si conozco alguno personalmente?"

"Sí, señora."

"Su Tía Deena y Prima Aisha ambas son abogadas. Tal vez puedan compartir un día con ellas en su trabajo para que aprendan como ellas ayudan a la gente."

"Me encantaría."

"Samara, ¿cuál es tu materia favorita en la escuela?"

"¡Lectura!"

"Puedes aprender tantas cosas leyendo. MeMe aprendió a ser una ingeniera leyendo y amando las matemáticas. Puedes ser una científica, inventora o matemática. La Dra. Gladys West fue la mujer detrás de la tecnología GPS."

Samara encogió sus hombros.

"Sabes, recalcula la ruta."

Samara sonrió. "Quiero inventar una aplicación para niñas."

"Claro. Judy Jordan-Brunson, la compañera de la universida de MeMe, es una exitosa ejecutiva en la industria automotriz. Ella tiene varios patentes en sus inventos. Raye Montague era una ingeniera que diseñaba los barcos para la Marina de los Estados Unidos de América y Katherine Robinson utilizó las matemáticas para llevar los astronautas a la luna. Taraji P. Henson hizo un buen trabajo actuando como Ms. Johnson en *Figuras Ocultas*."

Lyric dijo, "MeMe, quiero ser una astronauta en la luna."

"¡Puedes hacerlo! La Dra. Mae Jemison fue la primera mujer negra en el espacio. Le encantaba la escuela tanto que tiene títulos en ingeniería química, estudios Afro Americanos y medicina."

"Vaya." Los ojos de Samara se abrieron a lo ancho.

"Y ella habla varios idiomas. ¿Cuántos idiomas puedes hablar, Samara?"

"Sé un poco de inglés y hermanito. Shawn tiene su propio idioma."

"Eres graciosa."

Lyric puso tres dedos arriba. "One, two, three."

"Muy bien, Lyric," MeMe asintió y sonrió. "¿Todavía quieres ser una doctora de bebés?"

"No, quiero ser doctora de perritos."

"Puedes ser cualquier tipo de doctora que quieras."

"La Dra. Danielle Spencer fue una niña actriz en el show *What's Happening*. Ella se convirtió en una veterinaria para cuidar de los animales. La Dra. Tanisha Richmond es una doctora de los pies y la Dra. Rosalind Jackson es una doctora de medicina para mujeres. Ella ayuda en el nacimiento de los bebés y ayuda a MeMe sentirse mejor."

"MeMe, te duele la pancita," Lyric preguntó, acariciando la barriga de MeMe.

"Estoy bien, preciosa." Le dio un besito a Lyric en la cabeza. "La amiga de MeMe, Karen Towsend, también es doctora, pero ella no tiene pacientes. Ella tiene clientes quienes la contratan para que ella les enseñe a como trabajar juntos."

Samara se puso uno de los trajes de MeMe.

MeMe dijo, "¿Qué haces?"

"Soy Madame C.J. Walker."

"¿Qué conoces sobre ella?"

"Ella fue la primera mujer Americana que se hizo millonaria por sí misma."

"Okay, Samara. Eres muy inteligente. Madame C.J. Walker hizo su fortuna ayudándonos a cuidar de nuestro cabello."

"Mi mamá cuida de mi pelo," Lyric dijo, jalando un pedazo de su cabello afro.

"Sí, es verdad." MeMe abrazó a Lyric. "Una emprendedora es la jefa de su propia compañía."

Samara dijo, "¿Cómo tú?"

"Sí, bebé. La gente contrata a su MeMe para escribir, publicar y promover los mejores libros. Darnyelle Jervey Harmon entrena mujeres en negocios y Lynnette Khalfani-Cox ayuda a las personas con su dinero. Mi amiga, Linda J. Hawkins, les enseña a mujeres como comer y vivir una vida saludable. ¿Puedes pensar en cualquier otra mujer emprendedora?"

Samara dijo, "Oprah Winfrey y mi mamá."

"Muy bien." MeMe sonrió. "Mikaila Ulmer es dueña de Bee Sweet Lemonade y Alianna Hines tenía nueve años cuando comenzó comprando y vendiendo casas."

"¿Puedo ser una emprendedora ahora?"

"Claro que sí. Cualquier cosa que te encante hacer — y lo hagas bien — puede ser tu negocio."

"MeMe, podemos jugar afuera," pregunto Lyric, jalándole la bata a MeMe.

"Sí, bebé. Vamos a buscar la ropa para jugar."

Lyric gateó en el piso. "Quiero ser un policía y bombera."

"Me hace feliz saber que quieres ayudar a otros. Annette Nance-Holt fue la primera mujer comisaria diputada del departamento de bomberos en Chicago. Ella es responsable de la seguridad de millones de personas. Sabes qué."

Lyric dejo de jugar. "¿Qué?"

"Ella me pidió que les dijera que 'nunca se den por vencidas y que no dejen que nadie les diga que no pueden hacer algo.'"

Lyric sonrió. "Sparky dijo, '¡Agáchense y salgan!'"

"Huelen como a afuera. Vamos a refrescarlas antes de almorzar."

MeMe y sus nietecitas se fueron a la cocina.

MeMe dijo, "Samara, ¿cuál es tu comida favorita?"

"¡Los macarrones con queso y repollo de MeMe!" Ella tomó una pausa. "Y sushi."

"Tan dulce, gracias, bebé. Tengo las recetas de mi mamá, MeMa". Ella besó la mejilla de Samara. "Lyric, ¿qué comidas te gustan?"

"¡Pupcakes!"

"Okay, cariño, vamos a hacer pupcakes. La Chef Avanelle James estaría súper contenta de saber que te gustan hacer pastelillos."

Samara dijo, "MeMe, ¿cuál es tu chef favorito?"

"Buena pregunta. Me gustan varios chefs. No por su comida, sino porque me gusta como utilizan su talento para ayudar a los demás. Elle Simone Scott usa sus talentos para instruirles a las mujeres a como cocinar. Samantha Davis y Tirzah Love se enfocan en el estilo de vida saludable con la comida."

"Eso es importante," dijo Samara mientras batía la mezcla.

"Sí, lo es. Ayesha Curry trabaja para asegurarse que los niños tengan comida para alimentarse. He ido al restaurante de Sylvia Woods en Harlem varias veces. La comida estaba deliciosa y la banda también."

"¿Podemos ir a su restaurante?"

"Sí claro que sí. Mientras tanto, sus padres les pueden comprar algunas de sus comidas en el supermercado."

Después de comer los pastelillos deliciosos, MeMe dijo, "Sus padres llegarán pronto. ¿Hay algo más que quieren ser?"

Samara dijo, "Yo quiero ser una maestra para ayudar a los estudiantes aprender." Ella corrió al cuarto familiar para prepararse para la clase.

MeMe y Lyric la acompañaron.

MeMe dijo, "¿Quiénes son tus estudiantes?"

"Adalynn, Lexi, Jade y Noah."

MeMe sonrió. "Es el turno de Lyric para dar la clase."

Lyric dijo, "Soy Ms. Sonia. MeMe, tú eres Ms. Pie."

"Sí, señora. ¿Y quiénes son tus estudiantes?"

Carter, Ashley, Samaria, Josiah, Olivia, Madison y Grace."

"Parece que necesitamos buscar más juguetes, quiero decir estudiantes."

Lyric dijo, "MeMe, quiero ser una arqueóloga."

"¿Qué sabes acerca de los arqueólogos?"

"Ms. Pie dijo que ellos encuentran huesos de dinosaurios."

"Esa es una palabra grande para una niña tan pequeña. Me allegro por ti. Cuando encuentres un dinosaurio nuevo, lo puedes llamar Lyric-a-saurio."

Lyric sonrió.

El timbre sonó.

"Okay, princesitas de MeMe. Sus padres llegaron."

Las niñas abrazaron as su abuelita.

"Déjame ver esas princesitas saludar. Muñeca, muñeca, codo, codo."

Las niñas cantaron "¡Oh, lo que puedo ser cuando me veo!"

¿Qué quieres ser cuando seas grande?

¿Por qué?

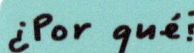

¿Quién ya lo ha hecho?

¿Cómo les ha ido?

¿Qué necesitas hacer para lograrlo?

¿Quién te puede ayudar?

Actividad de busca y encuentra de Oh, Lo Que Puedo Ser Cuando Me Veo

Donde quiera que mires, puedes ver ejemplos de mujeres poderosas haciendo cosas grandiosas.
¡También puedes ser lo que quieras ser!
Mientras encuentras carreras en esta actividad,
piensa sobre las mujeres que se mencionaron en
Oh, Lo Que Puedo Ser Cuando Me Veo.

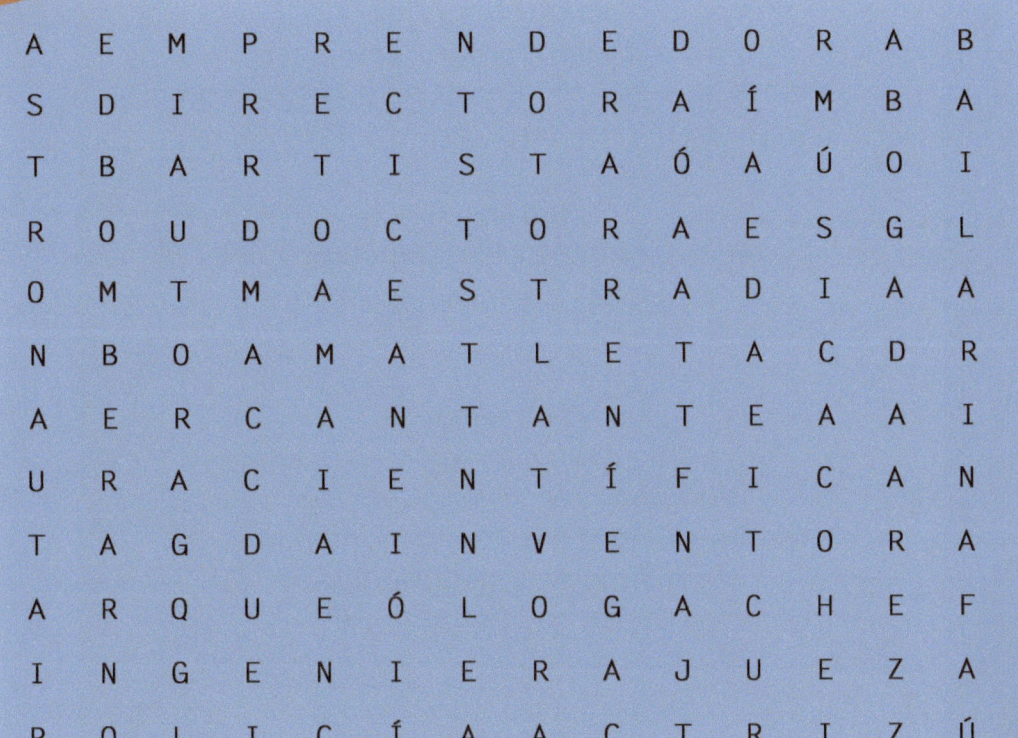

```
A E M P R E N D E D O R A B
S D I R E C T O R A Í M B A
T B A R T I S T A Ó A Ú O I
R O U D O C T O R A E S G L
O M T M A E S T R A D I A A
N B O A M A T L E T A C D R
A E R C A N T A N T E A A I
U R A C I E N T Í F I C A N
T A G D A I N V E N T O R A
A R Q U E Ó L O G A C H E F
I N G E N I E R A J U E Z A
P O L I C Í A A C T R I Z Ú
```

Actriz
Astronauta
Arqueóloga
Artista
Atleta
Autora
Bailarina

Emprendedora
Chef
Directora
Doctora
Ingeniera
Bombera
Policía

Inventora
Jueza
Abogada
Música
Cantante
Maestra

Artistas Visuales
Simone Leigh SimoneLeigh.com
Faith Ringgold FaithRinggold.com
Lorna Simpson LSimpsonStudio.com

Artistas Literales
Maya Angelou MayaAngelou.com
Zora Neale Hurston ZoraNealeHurston.com
Vanessa Miller Pierce VanessaMiller.com

Bailarinas
Misty Copeland MistyCopeland.com
Katherine Dunham KDCAH.org

Cantantes
Tonya Baker TonyaBakerMinistries.org
Mariah Carey MariahCarey.com
Jennifer Hudson JenniferHudsonOnline.com
Nina Simone NinaSimone.com
Zendaya Zendaya.com

Músicas
Alicia Keys AliciaKeys.com

Atletas
Simone Biles SimoneBiles.com
Gabby Douglas GabrielleDouglas.com
Serena Williams SerenaWilliams.com

Directoras
Ava DuVernay AvaDuVernay.com

Abogadas y Juezas
Faith Jenkins JudgeFaith.com
Michelle Obama Obama.org
Lynn Toler JudgeLynn.com
Deena Wingard YourReasonableService.net

Doctoras
Dr. Rosalind Jackson DrRozMD.com
Dr. Tanisha Richmond RichFeet.org
Dr. Danielle Spencer-David DanielleSpencerWorld.com
Dr. Karen M. R. Townsend DrKarenTownsend.com

Emprendedoras
Valerie J. Lewis Coleman PenOfTheWriter.com
Darnyelle Jervey Harmon IncredibleOneEnterprises.com
Alianna Hines AliannaHines.com
Lynnette Khalfani-Cox TheMoneyCoach.net
Mikaila Ulmer MeAndTheBees.com
Madam C.J. Walker MadamCJWalker.com
Oprah Winfrey Oprah.com

Chefs y Panaderas
Ayesha Curry AyeshaCurry.com
Samantha Davis SavorBySam.com
Tirzah Love TirzahCatering.com
Sylvia Woods SylviasRestaurant.com

www.ingramcontent.com/pod-product-compliance
Lightning Source LLC
Chambersburg PA
CBHW042144290426
44110CB00002B/109